LOS SOCIALISMOS IMPERFECTOS Y EL SISTEMA SOVIÉTICO

ANTONIO FERNÁNDEZ ORTIZ

**alfaqueque
ediciones**

2025

Colección Ensayo y Pensamiento Crítico

«Los socialismos imperfectos y el sistema soviético»
© Antonio Fernández Ortiz, 2024
© Alfaqueque Ediciones, 2024

www.alfaqueque.es
Apartado de correos, 68
30530 Cieza, Murcia, España

Primera edición: febrero de 2025

ISBN: 978 84 129805 1 6
Depósito legal: MU 159-2025

Printed in Spain - Impreso en España

La editorial es consciente de la necesidad
de los recursos naturales para consumir cultura
y de la colaboración en la conservación del medio ambiente.
Así pues, por la impresión de este libro,
ha plantado un laurel (*Laurus nobilis*)
en el paraje de El Horno de Cieza (Murcia).

ÍNDICE

NOTA DEL AUTOR

Este texto que aquí se publica por separado, fue elaborado para un libro[1] homenaje al profesor de la Universidad de Murcia Alejandro García, con motivo de su jubilación, en el que participamos compañeros, alumnos y amigos de Alejandro.

La amistad (la fraternidad, como les gusta resaltar a Paco Jarauta y Alejandro), ha sido el eje de nuestra relación durante más de treinta años, condimentada siempre por la disputa teórica en torno a la naturaleza del socialismo soviético (uno de los muchos socialismos imperfectos, *gratias ago deo*).

Se trata de un pequeño ensayo, compuesto por ideas elaboradas y algunas publica-

---

1 *Violencia, historia, utopía. En homenaje al profesor Alejandro García*. Autores varios (La Fea Burguesía, Murcia, 2023).

das a lo largo de años, fruto de los debates con personas, maestros, con los que he ido encontrándome a lo largo de ese concepto elástico que es el tiempo. El objetivo es contribuir a entender la naturaleza del sistema soviético y cómo apareció y se extendió en la cultura de la izquierda la condena y el rechazo de la rica experiencia del socialismo soviético, de la Unión Soviética, que al final ha llevado a la derrota de la izquierda comunista y a la derrota de casi todos los proyectos de creación de estados nacionales soberanos e independientes tras el proceso de descolonización iniciado tras la II Guerra Mundial.

Evidentemente, entiéndanse estas páginas como un esbozo, una aportación para entender un proceso: el de la derrota. Temporal, desde luego, pero no por ello menos derrota. Nuestra recuperación depende de la comprensión de este concreto pasado.

Yo no soy su camarada,
El lobo de Tambov es su camarada.
Para usted yo soy el ciudadano capitán.
¿Está claro?

Diálogo de la película «El caso Rumiantsev»
(Lenfilm 1955. Director: Iosif Jeifits)

EL MAESTRO

Vino de las recónditas tierras del sureste ensimismado. Tierras, tiempo y espacio cegados siempre por una luz blanca e intensa, inagotable. Pasó, antes de llegar para establecerse, por las grandes capitales de la península fantástica. Y finalmente optó por quedarse en una orilla elástica de la ciudad con más señoritos adocenados de la mágica Espartania. La verdad es que se coló por una grieta. Un resquicio del tiempo de los que duran una eternidad. Y aquí sigue.

Habló con poetas y filósofos, con cantantes y prosistas y se hizo maestro, con el tiempo, de la palabra y el pensamiento. Se hizo maestro porque le gustaba enseñar y trasmitir a otros lo que venía aprendiendo de su paso por la geografía infinita. Él no lo sabía, pero el destino, que siempre es fatalista, le tenía deparado que un día se encontraría de bruces con el tiempo ensimismado. Y ocurrió. Y no lo entendió.

Cuidaba el maestro la imagen. Bien vestido, con americana unas veces, otras con traje completo. Le tenía querencia a los pantalones anchos, que estaban de moda en aquellos instantes que llamamos años, o eso parecía. Imponía su presencia en las aulas y en los pasillos con elegancia y tenía a la mayor parte de la audiencia femenina, sobre todo a las escandinavas que acudían en tropel desde aquellas lejanas geografías, seducidas por su imagen y por sus palabras.

El maestro tuvo y tiene, verbo. Fue siempre su mejor arma. Un discurso bien articulado y forjado de innumerables lecturas que siempre dejaba aflorar de múltiples maneras, incluso, cuando así lo creía necesario, citando autores en un mar de nombres, unos clásicos, otros nuevos, mostrando así a los alumnos la necesidad de estar al día.

Pertenece a la generación gloriosa de maestros de las tierras de Espartania, que como se ha dicho son elásticas e infinitas, y que se formaron en los últimos años del franquismo, también conocido como el

tiempo gris y acartonado, y en los prime-
ros años de una transición que resultó ir
a ninguna parte. Vinieron a transformar
el mundo, siguiendo las enseñanzas de un
viejo barbudo alemán y en ello siguen porque como se sabe es tarea inabarcable para
una sola vida.

Por eso existe la eternidad del tiempo
ensimismado, para poder transformar el
mundo. Otros lo llaman Revolución, con
mayúscula. Decía el poeta universal, de ge-
nio germánico, que las mujeres y los hombres que habitan la eternidad y luchan toda
la vida, son los imprescindibles.

Estos maestros ejercieron y ejercen la
docencia permanente allá donde fueron y
dónde van. La entienden a manera de piedra filosofal, que convierte en sabios a todos los hombres que toca. Aunque luego,
por desgracia, resulta que no es del todo
así. Debe ser que la piedra filosofal no es
tan buena y la sabiduría no llega y el mundo sigue sin ser transformado. En fin, personas de ideas, como se decía en los pueblos
por aquellos años, que siempre mantuvie-
ron un fuerte vínculo entre ellos, aunque

los años y las ideas los fueron separando, a unos un poco, a otros un mucho.

Ha trabajado siempre en temas complejos y peligrosos. Ha hecho trabajo de campo en territorios de América y África, donde suenan los tiros y la muerte pasea con su guadaña afilada, libre y sin recato. Es historiador del ahora. Cosa, por cierto, muy complicada porque lo del tiempo es un lío y un conflicto. La verdad es que no hay ni antes ni después. Todo ocurre en el mismo tiempo, en el instante permanente. En la eternidad, vamos.

Y aquí llegamos al momento de la verdad, *moment instini* que dicen los rusos. Su pasión ha sido siempre el momento estelar de la Humanidad, el instante ensimismado de la historia: la Revolución rusa y el sistema soviético.

LA DISPUTA

Puede decirse que la amistad con Alejandro se forjó en la disputa y que la disputa nació en el momento primigenio de la amistad. ¡Que cosas! ¡Más de treinta años de disputa! ¿Y qué disputa es esa? Se preguntará el lector. Pues vamos a ver si lo explicamos, que no es empeño fácil.

Cuenta la historia-leyenda que en vísperas de la toma de Constantinopla por los turcos otomanos, protegidos entre los muros de la ciudad que todavía consideraban inexpugnable, los sabios de la Iglesia ortodoxa discutían sobre el sexo de los ángeles. Cierto o no, nos sirve de introducción para entrar en materia.

Siglos después, no muchos, la verdad, un instante en el tiempo histórico, los intelectuales de izquierdas de medio mundo, por decir algo, y en particular los de nuestra vieja Europa, andaban en apasionada disputa sobre la naturaleza del sistema soviético. ¿Era o no era socialismo?

Desde luego no es marxismo, decían unos. No es socialismo, decían otros. Capitalismo de Estado afirmaban los más sabios. ¡Fue una revolución traicionada! gritaban, un Estado obrero degenerado... Alguien acuñó el concepto «socialismo real», que se convirtió en una especie de arma arrojadiza que ya llevaba en su contenido la descalificación del sistema soviético. Y mientras las descalificaciones continuaban y se acumulaban, una mañana, para sorpresa de todos, aquel socialismo que decían que no lo era, cayó, cual Constantinopla, traicionado y desmantelado desde dentro por los que consideraban que toda vez que la Revolución de Octubre había sido un error histórico, convenía subsanarlo lo antes posible y volver al curso natural de la historia.

Es decir, enmendarle la plana a Lenin y a los bolcheviques desde el momento mismo en que disolvieron la Asamblea Constituyente y entregaron el poder a los soviets. Ahora había que restaurar el capitalismo y sus formas políticas para que se desarrollara una clase obrera poderosa y consciente que pudiese llevar a cabo, finalmente, la verdadera revolución proletaria y la construcción del verdadero socialismo.

Lo dicho arriba no es una ironía, lo escuchó un servidor en muchas ocasiones en boca de sesudos filósofos marxistas del Instituto de Filosofía de la Academia de Ciencias de la URSS-Rusia en los años 1990-1992. Volví a escucharlo muchas veces en seminarios y debates durante el resto de la década de los noventa. Y continué escuchándolo, ya con menos intensidad, en la primera década de los dos mil. A aquellas alturas lo decían más por tozudez que por convicción. De hecho, ya nadie prestaba atención en Rusia a semejantes argumentos. La realidad social de aquellos años dejaba poco espacio para aquellas reflexiones.

También eran argumentos repetidos con insistencia fuera de Rusia, y desde hacía muchas décadas atrás. Es muy fácil seguirles la pista y encontrarlos en las reflexiones de filósofos, historiadores y sociólogos de reconocido prestigio de todo el hemisferio occidental, incluida España.

«LA FALSIFICACIÓN DE LA TEORÍA»

El gran filósofo Manuel Sacristán generó alrededor de su legendaria figura y de su solido pensamiento la que puede ser considerada, sin lugar a dudas, la más sólida escuela marxista española, tanto en su vertiente filosófica e histórica, como en su vertiente militante, ya que Sacristán, como sus principales compañeros y alumnos conjugaron siempre el pensamiento con la acción, con la praxis militante y revolucionaria. La escuela de Sacristán ha ejercido una indiscutible influencia en el pensamiento de toda la izquierda española. Influencia que todavía perdura.

Todos sabemos de la valía de Sacristán, de sus aportaciones y de su sabiduría. Hay ríos de tinta sobre todo esto y no voy a emplear tiempo en repetir lo que ya está escrito. Además, tampoco soy la persona adecuada. Pero, siempre hay un pero, hay un aspecto de la actividad filosófica y militante de Sacristán y de su escuela que por su trascendencia, considero que es necesario abordar.

Entrando directamente en materia, considero que la posición político-filosófica que mejor define a esta escuela ha sido, y sigue siendo en la actualidad, su actitud hipercrítica con el socialismo soviético, con la experiencia del socialismo real, realmente existente, y su focalización en lo que vino en llamarse estalinismo.

Si bien se asume el momento primordial del hecho revolucionario, de la Revolución de Octubre, como el más importante del siglo XX, también pronto se asume el «desvío» de la revolución.

He aquí, relacionados, algunos de los hitos y argumentos más importantes, según Sacristán, que marcaban la deriva y la pérdida de las esencias revolucionarias: la represión de los marineros de Kronstadt. La prohibición de la organización de facciones y tendencias en el seno del Partido Bolchevique (en el X Congreso). Economía muy estatalizada, un Estado muy centralizado y un partido único. La aparición de una joven guardia con «correajes de cuero» cuya principal tarea fue sembrar el terror en el seno del partido. La desaparición política (y en algunos casos, física) de la vieja guardia bolchevique. El apoyo del estalinismo en el nacionalismo de las masas no comunistas y en el patriotismo. El cinismo ideológico. La despreocupación del equipo director estaliniano respecto de las cosas que decía. El absoluto desprecio por la teoría. La tendencia a la deformación ideológica, a deformar la teoría para adaptarla a las necesidades prácticas de cada momento.

¿De dónde venía esta deriva? Para Sacristán, las raíces estaban en Lenin. Tanto Lenin como los bolcheviques interpretaron como socialista una revolución que no fue para nada como se había pensado e imaginado hasta aquellos momentos. Para los marxistas clásicos, inspirados en lo fundamental en el marxismo de El Capital, la revolución que debía llevar al socialismo sólo podía ser proletaria. Si la revolución era campesina y proletaria al mismo tiempo, era entonces una revolución burguesa, porque los campesinos sólo aspiraban a tener la tierra en forma de propiedad privada.

Esta crítica a la Revolución rusa es vieja. De antes incluso que la propia revolución. Ese camino lo iniciaron Plejanov, el maestro de Lenin que observó en primera línea la evolución de Lenin desde el marxismo clásico a nuevos planteamientos que reconocían el papel decisivo que iban a tener los campesinos en la revolución (recordemos aquello del «delirio de un loco»). También tomaron ese camino los marxistas socialdemócratas de la II Internacional. Por ejemplo, Kautsky y los socialdemócratas alemanes entendieron que en Rusia no se daban las condiciones que ellos deducían de sus lecturas e interpretaciones de Marx (de El Capital) y que por tanto la revolución no tenía que haberse llevado a cabo. Eso la convertía en una revolución contra natura y la condenaba al fracaso.

Debió de ser por ese motivo, por lo que poco más de un año después, en enero de 1919, el partido Socialdemócrata alemán dirigido por el brillante Friedrich Ebert (poco después nombrado primer Presidente de la República de Weimar), se unió al Comando Militar Supremo Alemán para abortar a tiros la revolución alemana. Aunque no se entiende mucho aquella posición de los socialdemócratas alemanes: el capitalismo alemán era de los más desarrollados en aquel entonces y había generado un potente y multitudinario movimiento obrero, bien organizado en lo político y en lo sindical, capaz no sólo de tomar el poder, sino de ejercerlo según los cánones del marxismo más clásico. Pero algo debía faltar, porque ellos, los socialdemócratas, entendieron que no se daban las condiciones y había que apoyar a la burguesía alemana para que el capitalismo se desarrollara más y con él la clase obrera alcanzase el punto idóneo de maduración. Algo falló en aquella reflexión porque en poco más de una década los obreros alemanes se dejaron seducir por el nacionalsocialismo, eligieron en votaciones democráticas a Hitler y los socialdemócratas fueron enviados a los campos de «reeducación».

Esa visión, la de la inoportunidad de la Revolución rusa, fue general en la socialdemocracia de la II Internacional y hasta Pablo Iglesias lo explicaba en España desde las páginas de El Socialista. También Pannekoek, Korsch y otros de la misma cuerda, consideraban que lo que Lenin y los bolcheviques habían llevado a cabo era una revolución burguesa. Para ser consecuentes con el marxismo, y enmendar el error, los bolcheviques debían entregar el poder a la burguesía, por eso aquel empeño en devolver el poder a la Asamblea Constituyente y convocar un proceso electoral que diese como resultado un parlamento republicano que debería ser la expresión política de la burguesía rusa.

Pero Lenin y los suyos, «embriagados de poder», no reconocieron su error y aunque eran conscientes de que la revolución que habían dirigido no cumplía con el marxismo de El Capital, se empeñaron en continuar con ella e intentaron construir el socialismo en un país campesino, con apenas tejido industrial y pocos obreros.

Para Sacristán y su escuela, esta situación inicial suponía una violación y falsificación de la teoría marxista y es el punto clave de la degeneración de la revolución de Octubre y, lo más grave, es lo que está detrás del estalinismo. Sacristán lo llamaba «cinismo ideológico» («la falsificación abierta de la teoría y su utilización para justificar cualquier práctica»). Este empeño de Lenin de justificar y glorificar el «estado de las cosas», como si se hubiese deseado y buscado, generó directamente el estalinismo, el cual desarrolló ese cinismo y canonizó como teoría justa lo que en realidad no fue más que un estado de necesidad. El estalinismo forzó los conceptos, la teoría, hasta extremos grotescos, para ajustarlos a sus necesidades. Para Sacristán, un ejemplo esclarecedor es la idea del socialismo en un solo país, totalmente ajena a la tradición marxista.

Otro de los aspectos fundamentales de la crítica de Sacristán al socialismo soviético fue su naturaleza industrial. Para ello, asume como correctas las tesis de Evgueni Preobrazhenskii, un economista soviético que hablaba de la «acumulación originaria socialista». En realidad esta idea pretendía «corregir» la anomalía en la que se produjo la Revolución rusa, la toma del poder por los bolcheviques y la construcción del socialismo en la URSS. Toda vez que la revolución se produjo en un país campesino, sin tejido industrial y sin proletariado, la industrialización socialista había de hacerse en la URSS a costa de la explotación del campesinado, la cual además era una clase que no tenía cabida en el socialismo (?). Estos planteamientos eran los de Trotsky y una gran cantidad de bolcheviques de los considerados como «la vieja guardia», los cuales asumieron como un mal coyuntural las ideas de Lenin de la alianza obrero-campesina y de la naturaleza campesina de la Revolución rusa.

Ellos entendieron que había que aprovechar aquella revolución campesina para tomar el poder y construir más adelante la auténtica revolución proletaria y el verdadero socialismo proletario marxista (el de El Capital). Para ellos el campesinado era un instrumento útil durante un tiempo, pero al que había que liquidar. Las repercusiones de tales ideas y proyectos en un país campesino como la URSS eran tremendas y llevaban directamente a la insurrección campesina contra el poder soviético y a la guerra civil.

Estas posiciones son las mismas que mantenían en Europa occidental la llamada «extrema izquierda» marxista (Antón Pannekoek, Herman Gorter y otros), los cuales afirmaban que lo que estaba ocurriendo en la URSS era una acumulación originaria de capital, pero no socialista como afirmaba Preobrazhenskii, sino que era igual a la ocurrida en la revolución burguesa inglesa. Pero, toda vez que el proceso no estaba protagonizado por la burguesía, según el modelo clásico estudiado por Marx, hablaban entonces de la aparición de un nuevo grupo social, los funcionarios del partido y del Estado soviético, que dominaban y controlaban dicha acumulación de capital.

Dicho sea de paso, aquí está el nudo gordiano de las llamadas represiones de Stalin y de los ataques a la «vieja guardia». Los estudios y análisis occidentales de la naturaleza de la URSS, empeñados en poner «delante de los bueyes» la teoría marxista, no entendieron el conflicto. Un conflicto que se mantuvo hasta el final de la Unión Soviética y que tuvo uno de sus momentos álgidos (y trágicos) en la década de los años treinta del siglo XX. Fue una verdadera guerra civil entre diferentes proyectos de construcción del socialismo soviético, proyectos encarnados por diferentes grupos y facciones de la «vieja guardia». Porque al fin y al cabo toda ellos eran «vieja guardia», tanto los que resultaron derrotados como los que resultaron vencedores en el conflicto.

LA NEGACIÓN (POR TRES VECES...)

Pues bien, esta visión crítica de la URSS de Sacristán, no exenta de un componente rusófobo muy extendido en la cultura occidental, se transformó en un antisovietismo implacable que fue difundido y trasmitido por la escuela de Sacristán por todo el tejido intelectual y militante de España. El proceso de difusión de estas ideas y planteamientos fue tan particularmente intenso que en pocos años se convirtió en «pensamiento dominante» y absoluto entre la izquierda comunista, y no sólo. Penetró por varias vías. Veamos dos fundamentales:

La vía militante, la del Partido Comunista de España y el sindicato Comisiones Obreras, que se llevó a cabo, en lo fundamental, a través de los cuadros superiores y medios del partido y del sindicato (por cierto ya Stalin dijo en los años 30 una de sus más conocidas frases: «los cuadros deciden todo». Y qué razón tenía). La formación de cuadros y el debate político a través de charlas, conferencias, seminarios, encuentros, tuvo el efecto de una onda expansiva que poco a poco fue calando en la estructura de pensamiento de la militancia más consciente. Sacristán era tremendamente duro en sus valoraciones: «el estalinismo ha sido una tiranía sobre la población soviética, una tiranía asesina sobre el proletariado soviético y conservar la nostalgia de eso es estúpido y criminal», dijo en el coloquio de una conferencia con militantes. O aquello de que era «la tiranía de una minoría burocrática, no muy inteligente por lo demás, que era una burocracia en gran parte nueva, sobre la clase obrera en particular y el pueblo en general».

Estas descarnadas valoraciones de la Unión Soviética supusieron una quiebra profunda en las concepciones del mundo de la militancia, que veía rotas, destrozadas, sus percepciones no solo del socialismo soviético, sino de la estructura de las luchas por la liberación de la periferia del capitalismo. Tan duro fue el choque entre lo que decía Sacristán y la militancia, que como él mismo reconocía, había arrancado, literalmente, las lágrimas a muchos militantes contando la «verdad» sobre la URSS y el estalinismo. Ha tenido que desaparecer la URSS y casi desaparecer el movimiento comunista internacional para entender el verdadero efecto de los esfuerzos de Sacristán por desenmascarar la naturaleza «asesina» del sistema soviético.

Además, había que añadir la influencia de los artículos publicados en las revistas y periódicos del PCE y de CCOO. Y desde luego, el protagonismo de toda aquella actividad de difusión recayó en la prestigiosa escuela que se gestó alrededor de Sacristán, la élite intelectual que militó en el partido durante largos años, pero que luego, caprichosa en sus querencias, acabó por abandonarlo.

Este fue un proceso muy interesante, que alguna vez habrá de ser estudiado en profundidad: el de la incorporación de los intelectuales a la militancia y el posterior abandono de la misma. Curiosamente se escucharon y leyeron argumentos de todo tipo. Puede decirse que la mayoría de ellos tropezaron en la primera raya de lápiz que encontraron en el camino y tuvieron su particular caída del caballo. Quizá la Primavera de Praga fue el motivo más recurrente, junto con el desencanto del socialismo cubano. Pero hubo otras argumentaciones más rebuscadas. No hace mucho encontré una curiosa justificación en el vídeo de una entrevista a uno de los grandes poetas actuales españoles, en el que explicaba que en un viaje a Praga vio como la policía disolvía a un grupo de estudiantes y más adelante vio por las calles grupos de coros y danzas actuando. No pudo evitar establecer un paralelismo con la España de Franco y, claro, no tuvo más remedio que abandonar la militancia en el partido.

La influencia de la escuela de Sacristán coincidió con dos fenómenos, uno, inevitable, el del cambio generacional, impuesto por la condición biológica humana. El otro, fue la búsqueda de un modelo político de comunismo europeo occidental, al que llamaron eurocomunismo, que fuese una alternativa a aquel socialismo real ya dibujado como imperfecto que, además, era un gran galimatías que nadie entendía y que como algunos decían, olía a col, era aburrido (Felipe González dijo aquello de que «prefiero morir apuñalado en el metro de Nueva York que de aburrimiento en las seguras calles de Moscú», aunque en aquellos años, en Moscú, había, por ejemplo, muchos más teatros que en toda España); era pobre (confundiendo el consumo de mercancías fetiches con la riqueza). Un conocido marxista de Extremadura me dijo una soleada tarde de verano en Moscú que «el socialismo soviético había fracasado porque no había sido capaz de construir coches Mercedes para todos», eso sí, el hecho de que ya a principios de la década de los años 30 del pasado siglo la URSS hubiese construido de la nada un gigantesco sistema de seguridad social y atención sanitaria absolutamente gratuito por todos los rincones de su dilatada geografía, no era «riqueza»; y torpe, tanto, que según me explicó uno de los militantes comunistas históricos del PCE en su despacho de la Facultad de Medicina de Murcia, la URSS no había sabido convertir la vivienda en mercancía y en vez de venderla y generar «riqueza», que torpe aquella burocracia, la entregaba gratis a los ciudadanos.

El impacto de las ideas de la escuela de Sacristán fue tal, que en muy poco tiempo, con la excepción de una parte cada vez más reducida de la militancia de base, todos se habían convertido en antisoviéticos. Nombrar a la URSS era nombrar a la bicha y nombrar a Stalin, sin soltar a continuación una adornada parrafada acusándole de monstruo sanguinario, se convirtió en un acto delictivo.

La otra vía fue la universidad. Las primeras generaciones de alumnos de Sacristán acabaron, en su mayoría, siendo ellos mismos profesores repartidos todos, poco a poco, por la geografía universitaria de toda España. Aquella primera generación de alumnos de Sacristán, como por ejemplo el gran Fernández Buey, generaron a su vez escuela y así sucesivamente. Es muy importante entender esto. Un solo alumno, convertido en profesor universitario ha transmitido, con mejor o peor suerte, sus ideas a cientos (posiblemente a varios miles) de alumnos durante una larga vida docente de treinta o cuarenta años. Y a su vez, los alumnos de éste habrán hecho lo mismo durante décadas. El efecto es abrumador, sobre todo si tenemos en cuenta que muchos de estos alumnos se convirtieron en profesores de secundaria y llevaron esas ideas a sus alumnos adolescentes. No es broma el asunto. El profesor de historia de mi hijo, alumno de tercero de la ESO, repite ese viejo discurso un día sí y el otro también.

***

Hice mis estudios de historia en la Universidad de Murcia en la segunda mitad de los años ochenta, y en ella me encontré de sopetón con la escuela de Sacristán en dos de mis profesores: Encarna Nicolás y Alejandro García. Y para mí fue una gran sorpresa, no siempre agradable. Y explico el por qué.

Cuando llegué a la universidad venía directamente del mundo del trabajo, en concreto del campo, de las huertas de frutales de Cieza que se encontraban en continuo crecimiento desde los años cincuenta con la puesta en marcha de nuevos regadíos. Me crié con los trabajadores del campo, donde habitaban muchos comunistas y socialistas. Tras la guerra civil, una gran cantidad de obreros prefirieron abandonar las fábricas y manufacturas del esparto y refugiarse en el campo, lejos de las miradas de los patrones ante los que se habían significado, en la lucha por la justicia social, durante los años republicanos. Fue una suerte de exilio interior completado por el goteo de los que iban siendo puestos en libertad tras largos años de cárcel y que también se refugiaron en el trabajo en el campo, lejos de las fábricas y manufacturas de la espartería.

Luego, en los años sesenta y setenta, llegó la quiebra de la industria del esparto y la incorporación de aquellos obreros al campo, ya que fue durante largos años la única posibilidad de encontrar trabajo, excepto, claro está, la emigración a Barcelona, Madrid, Francia o Alemania. La concepción del mundo de aquellos trabajadores estaba a medio camino de la nada. No habían llegado a ser obreros, pero ya no eran campesinos. Sin embargo, tenían una fuerte y desarrollada conciencia de clase, consecuencia de las luchas obreras de los años de la II

República y de la guerra civil. El caso es que en los tajos en el campo se oían conversaciones y debates realmente interesantes sobre Cuba, la guerra de Vietnam, el socialismo argelino, el asesinato de Allende, la guerra de Angola, el muro de Berlín... Pero, sobre todo, había entre aquellos trabajadores una actitud de admiración y respeto hacia la Unión Soviética, hacia el socialismo soviético, que llegaba a la veneración, sobre todo cuando hablaban de la URSS como de la gran protectora y defensora de los trabajadores de todo el mundo.

Evidentemente, de teoría marxista no se hablaba en los tajos del campo. Pero no era para nada necesario. Había otros conocimientos y, sobre todo, había un nivel intuitivo que llevaba a considerar a la URSS como el principal referente para la clase obrera en todo el mundo. De todo esto, por desgracia, no queda nada.

Y resulta que al llegar a la universidad, al templo del saber, porque así se percibía entre los jornaleros del campo en aquellos años, uno se encontraba de lleno con aquel rechazo hacia el socialismo soviético. ¿Qué ocurría? ¿Cómo había una diferencia tan grande a la hora de entender el socialismo soviético? ¿Le faltaban a los jornaleros del campo las herramientas teóricas para entender el socialismo soviético?

Puede que así fuera. Pero, a pesar de disponer de todas las herramientas teóricas, a pesar de la filosofía y de la historia, los intelectuales universitarios tampoco entendían, y siguen sin entender, qué fue el sistema soviético. Curiosamente, y como ejemplo, mientras en la universidad Gorbachov fue visto como una esperanza para el desmantelamiento del estalinismo y la construcción de un socialismo con rostro humano, muchos en el campo, entre ellos mi padre y mis tíos, tuvieron claro desde el primer momento que «era un traidor que iba a destruir la URSS».

Ya estábamos en el campo advertidos en lo que se refería al enemigo de clase. Además, estábamos saliendo del franquismo (o no) y sabíamos de dónde veníamos y lo que nos rodeaba. Encontrar opiniones en contra de la Unión Soviética era lo habitual, excepto en determinados ámbitos y contextos.

Es decir estábamos curados de espanto. La universidad no iba a ser de otra manera por lo que era normal encontrar entre el profesorado la misma animadversión hacia la URSS que en el resto del tejido social. Lo que llamaba la atención era que los profesores que no escondían su afinidad y militancia comunista pudiesen tener una posición tan negativa del socialismo soviético. Y no era ingenuidad (o sí, quién sabe).

***

Y aquí fue donde me encontré con Alejandro, en la universidad. Fue mi profesor en los años de especialidad, aunque nos conocimos antes en el Departamento. Alejandro mantenía, en lo fundamental, las posiciones sobre el socialismo soviético de la escuela de Sacristán, que ya hemos visto antes, aunque con interesantes particularidades. Por mi parte yo era ferviente defensor del socialismo soviético, más por intuición que por conocimiento.

Me llamó la atención desde el primer momento la pulcritud de sus exposiciones y la solidez de sus argumentaciones, siempre arropadas de referencias bibliográficas y de autores de todo tipo. Me gustaba cómo incorporaba la literatura a la historia y al pensamiento.

El caso es que desde el principio entendí que me encontraba con una persona que no arrojaba al aire opiniones sin sopesarlas y argumentarlas de forma solida y contundente. Eso hacía más interesante el debate con él. Aunque he de decir que al principio no había debate. Yo le escuchaba, no estaba de acuerdo con él, pero no tenía argumentos de la misma solidez para entablar un debate coherente por mi parte.

Alejandro me obligó a completar aquella defensa intuitiva de la Unión Soviética con el conocimiento. Me empujó a la lectura de aquellas obras que citaba, de aquellos autores a los que mencionaba, pero también a buscar fundamento teórico e histórico a mis planteamientos en otros autores, en otras fuentes. De aquella manera cumplió con creces el cometido de un profesor universitario y pasó a convertirse en mi maestro, sin que él mismo se diese cuenta.

Por aquel mismo tiempo tuve como profesores a dos personas que también dejaron su impronta en mi formación. Encarna Nicolás y Juan Moreno. Encarna estaba en la misma sintonía que Alejandro, con sus matices, evidentemente. En el caso de Juan, profesor de Historia de Arte Contemporáneo, fue un descubrimiento impresionante. Era la genialidad personificada. Cada frase, cada pensamiento era de una brillantez inusitada y daba para largos ejercicios de reflexión. La complicidad y la amistad con Juan fue desde el primer instante en que asistí a su primera clase.

Juan Moreno era la antítesis de la escuela de Sacristán. Era marxista, comunista, y además apoyaba la experiencia del socialismo soviético. Pero desde una posición absolutamente racional, tomando distancia y sin folclore. «Antonio, no tomes disgusto con Encarna y Alejandro, son de los nuestros, son amigos», me decía Juan cuando me notaba atascado por no encontrar argumentos para mantener mis posiciones en el debate.

Un día le comenté a Juan que quizá lo adecuado sería ir a estudiar a la URSS, para entender desde dentro el funcionamiento del sistema soviético y no depender de lo que decían historiadores y filósofos americanos, ingleses, franceses o alemanes. Y a Juan no sólo le pareció bien aquella idea, sino que desde el primer momento me animó en aquella iniciativa. El problema era concretarla.

En una ocasión allá por el año 1989, si la memoria no me falla, Alejandro y el Departamento de Historia Contemporánea organizaron un ciclo de conferencias en la Universidad de Murcia sobre los cambios que se estaban produciendo en Europa oriental y la URSS en aquellos años al amparo de la famosa Perestroika. Fueron invitados especialistas de los países del socialismo real y en representación de la Unión Soviética acudió Serguei Kará-Murzá. Acudimos Juan y yo a escuchar su conferencia. «Este hombre sabe», dijo Juan con aquel laconismo que le caracterizaba.

El caso es que, meses después me encontré el nombre de Kará-Murzá en un listado de profesores soviéticos que se encontraban haciendo una estancia académica en universidades españolas. Estaba en Zaragoza y junto a su nombre había un número de teléfono. Fuimos a verle, en un SIMCA 1200, un grupo de entusiastas. De aquel encuentro salió un viaje a la URSS en diciembre de 1990 y una estancia de investigación de varios años que iniciamos en octubre de 1991.

***

He de decir que tuve suerte desde el primer momento, ya que de la mano de Kará-Murzá me incorporé a un ambiente académico empeñado en investigar sobre la naturaleza del sistema soviético y sobre la crisis sistémica por la que estaba pasando la URSS-Rusia, como parte (la otra parte) del mundo industrializado.

Para empezar, me quedé asombrado de lo poco que sabíamos de la naturaleza del sistema soviético. Por no decir que no sabíamos nada (y seguimos sin saber, que es más preocupante). Tampoco sabíamos casi nada sobre la propia Revolución rusa, de lo importante en la revolución, de la que tanto hablábamos y opinábamos. Y una cosa fundamental: la Revolución rusa es un largo proceso, abierto e inacabado, que arranca, como mínimo, desde la liberación de los campesinos en 1861 y se prolonga hasta la actualidad.

Dejo para otra ocasión el relato de los pormenores de mi estancia en Rusia, ya que no es el momento de hablar de ello. Y paso a agrupar en bloques temáticos la interpretación, grosso modo, de la naturaleza de la revolución y del socialismo soviético que han sido las claves de mi posición en la disputa con Alejandro.

I
CAMPESINADO Y CONCIENCIA DE CLASE

La comprensión por parte de las masas de la realidad objetiva y la identificación de la injusticia es fundamental para que madure un proceso revolucionario. En las sociedades campesinas, la desigualdad social no se entiende como un problema o un conflicto ya que es percibida y entendida como parte del orden divino de las cosas.

Desde la Ilustración la lucha por la igualdad se convirtió en uno de los principales motivos de la cultura de la Modernidad. Sin embargo, ese motivo no terminaba de llegar a las sociedades campesinas. En Rusia, los campesinos se rebelaban contra los malvados señores pero no contra la estructura de la sociedad en la que vivían ni contra el Estado monárquico. En muchos casos, ya en el siglo XIX, los campesinos quemaban los falansterios socialistas que los señores más progresistas organizaban en sus tierras. Y en los años 70 del siglo XIX atrapaban y entregaban a los agitadores populistas que «iban al pueblo» para explicarles a los campesinos la injusticia del sistema social en el que vivían.

Sin embargo, la reforma de 1861, tal como se llevó a cabo, fue fundamental para que los campesinos rusos empezaran a «descubrir» la desigualdad social y a demandar igualdad y justicia social. Con la llegada del capitalismo y sus alteraciones del modo de vida comunitario, en un periodo muy corto de tiempo se produjo un profundo cambio de paradigma entre los campesinos que implicó una transformación profunda en la forma en que empezaron a comprender e interpretar el mundo. Tomaron conciencia de su situación real e incorporaron las reivindicaciones de justicia social e igualdad al discurso público primero y a su programa político después.

En otro sitio hemos escrito sobre las consecuencias de las reformas de 1861, de la liberación de la servidumbre, de la entrega de tierras a los campesinos, del reforzamiento de la comunidad campesina, del endeudamiento de las familias campesinas, de la necesidad de moneda para pagar el rescate por la tierra, de las hambrunas crónicas, etc. No es necesario volver a repetirlo aquí, aunque sí conviene volver a resaltar el papel fundamental que dicho proceso tuvo en la toma de conciencia social de los campesinos rusos. Aquella toma de conciencia se vio expresada en el movimiento peticionario que se extendió por toda Rusia. Al principio, las peticiones colectivas eran ilegales, pero los campesinos no hicieron caso de la ley. Tras la revolución de 1905-1907, el gobierno ruso no tuvo más remedio que legalizar las peticiones colectivas. Escritas en un lenguaje directo, llano y popular, redactadas en las asambleas campesinas y firmadas por todos los miembros de las comunidades, las peticiones (nakaz) fueron la expresión del programa político del campesinado, siendo la nacionalización de las tierras el punto más importante de aquel programa.

Hasta que punto fueron importantes las peticiones campesinas, que el Decreto Sobre la Tierra promulgado por el Consejo de Diputados Obreros y Soldados de Petrogrado en la noche del 26 de octubre de 1917 fue elaborado teniendo como base precisamente las últimas 242 peticiones campesinas enviadas directamente por los campesinos desde las aldeas.

En la conciencia de la mayoría de los campesinos tomó forma la estructura de las relaciones económicas del campo, en las que ellos vivían inmersos, y la estructura de las relaciones económicas internacionales, a partir de la experiencia cotidiana, las discusiones y los fragmentos de ideas de los maestros de escuela que enseñaban en los pueblos y aldeas, y de los activistas revolucionarios, en su mayoría exiliados a las zonas rurales alejadas de las grandes ciudades (para aquellas fechas los campesinos ya los consideraban aliados). Más tarde, durante la Primera Guerra Mundial Imperialista, el ejército se convirtió en un foro para 11 millones de personas donde lo que Lenin escribió sobre el imperialismo en 1916 ya se había convertido en una guía para los campesinos en 1917.

II
MARX Y EL MARXISMO EN RUSIA

La obra de Marx en Rusia y su desarrollo en diferentes corrientes tuvo una influencia positiva en la cultura rusa. Por una parte, obligó a la intelectualidad rusa a ser disciplinada, consecuente, sistemática y a ser rigurosa en el pensamiento lógico. Por otra parte, rompió con el pesimismo nihilista de la intelectualidad rusa e introdujo el optimismo en el modelo antropológico ruso, la seguridad de que el futuro de la Humanidad será mejor y más justo y que para su consecución se contaban con los medios adecuados y efectivos.

También reavivó la idea de la inmediatez del renacimiento de Rusia, señalando como factor fundamental de dicho renacimiento la creación de una sociedad industrial. Otro de los cambios fundamentales que introdujo el marxismo en la cultura rusa fue la fusión de la racionalidad, la lógica y los ideales marxistas con las aspiraciones y representaciones populares de igualdad y justicia social que hasta aquel momento se expresaban en Rusia, en lo fundamental, a través de la religión y la moral.

Esto supuso la aceptación del marxismo por las masas que entendían en él sus representaciones populares de justicia social. Esta fusión tuvo un efecto casi mágico sobre la conciencia social, dando lugar a un cuerpo único, una única imagen de futuro, que posibilitó la unidad de las masas en un objetivo común y que, por ejemplo, evitó el fraccionamiento en múltiples grupos que hubiesen acabado en una guerra de todos contra todos.

***

Sin embargo, también tenemos que hablar de la influencia negativa de Marx en la cultura rusa, en la revolución y en el proyecto soviético. Para empezar, una parte significativa de los intelectuales rusos asumieron el marxismo como una verdad revelada (como la mayoría de los marxistas en Occidente).

Marx advirtió que el objeto de sus estudios era el capitalismo occidental y el proletariado occidental. Es decir la sociedad (o sociedades) donde las relaciones de producción estaban atomizadas. Lo que significa que los resultados de tales estudios no son ni adecuados ni extrapolables a sociedades donde no se ha producido la atomización del ser humano y donde las relaciones de producción contienen elementos comunitarios. Esta advertencia, fundamental, no fue tomada en cuenta por una parte importante de la intelectualidad, ni en Rusia, ni en la URSS, ni en Occidente.

De acuerdo con el marxismo, en el estadio de evolución en el que se encontraba Rusia, el sujeto revolucionario (la clase revolucionaria) debía ser la burguesía, ayudada por el proletariado, ya que eran, en aquellos momentos, los portadores del progreso y la modernización.

Los objetivos principales de la Revolución rusa debían de ser en aquella fase el derrocamiento de la monarquía, la liquidación de los estamentos, la unificación legislativa, la constitución de un poder republicano y dejar libertad de expansión al capitalismo tanto en el campo como en la ciudad. En semejante revolución el campesinado era percibido como una fuerza reaccionaria y enemiga de la revolución, ya que estaba condenada a ser liquidada y sus tierras privatizadas para dar paso al capitalismo.

Pero incluso los intentos del proletariado de luchar contra el capitalismo antes de tiempo, también son considerados reaccionarios por el marxismo. Lo mismo que la lucha de los intelectuales que apoyen los movimientos revolucionarios llevados a cabo por el proletariado antes de que el capitalismo agote su capacidad de reproducirse.

Hay otra cuestión delicada: la división de los pueblos en revolucionarios y reaccionarios. Los pueblos que representan a Occidente son considerados revolucionarios, incluso si actúan como opresores y explotadores. Los pueblos «barbaros» que intentan luchar contra la opresión y explotación de Occidente son considerados reaccionarios y enemigos y deben ser reducidos e incluso aniquilados. Por ejemplo, Engels, en relación con los acontecimientos revolucionarios de 1848 en el Imperio austro-húngaro, sólo considera como portadores del progreso y revolucionarios a los alemanes, polacos y húngaros. El resto de pueblos deberá desaparecer en la tormenta de la revolución mundial por su naturaleza contrarrevolucionaria.

En particular, los rusos fueron considerados un pueblo reaccionario desde el primer momento. Ya Hegel escribió que estaban fuera de la Civilización Universal. Marx y Engels también fueron severos en muchos de sus escritos con los rusos y propusieron la destrucción, por reaccionarios, de los eslavos y de su centro neurálgico, Rusia, que se convirtió en la representación de la reacción, es decir del mal, que desafiaba con sólo su existencia a las fuerzas y naciones progresistas de la civilización mundial.

Estas concepciones de Marx y Engels sobre los pueblos reaccionarios estaban relacionadas con las ideas sobre la esencia reaccionaria del campesinado en general y del campesinado ruso en particular. Estas ideas complicaron significativamente el desarrollo del movimiento revolucionario en Rusia que desde el principio, a través del populismo, vio en el campesinado a la clase revolucionaria. Ello provocó un conflicto en el seno del marxismo ruso de la época, entre marxistas y populistas. Luego el conflicto se extendió, entre marxistas y campesinos rusos, entre mencheviques, eseristas y bolcheviques y más tarde entre los llamados trotskistas, bujarinistas y estalinistas.

***

Fue precisamente un ruso, Mijail Bakunin, quien fue capaz de articular un discurso con el que expresar un rechazo fundamental a las posiciones de Marx y Engels sobre las cuestiones mencionadas anteriormente. Este conflicto dio lugar a la enemistad y el exilio de Bakunin de la comunidad marxista. Sin embargo, las ideas y pronósticos de Bakunin sobre la naturaleza campesina de la inminente Revolución rusa se cumplieron casi en su totalidad.

Como años después escribió de forma acertada Nikolai Berdiaev, Bakunin, «con su mesianismo revolucionario ruso, fue el precursor de los comunistas». En su libro

«El Imperio franco-germano y la revolución social», Bakunin, como respuesta a una serie de artículos de Engels sobre pueblos revolucionarios, eslavos y campesinos, planteó la tesis de que el chovinismo nacional (el odio hacia los «pueblos reaccionarios») y el chovinismo social (el odio hacia el «campesinado reaccionario») tienen la misma naturaleza. Ambos reflejan el racismo del capitalismo occidental, que justifica su esencia explotadora con supuestas pretensiones civilizadoras. Bakunin sostuvo que la ideología burguesa «infectó» con este chovinismo a la clase trabajadora occidental, incluidos los trabajadores socialistas.

Además, presentó una tesis profética de que la revolución sólo podrá ocurrir como una acción conjunta y fraternal de la clase trabajadora y el campesinado. Esta idea fue aceptada por los populistas rusos y más tarde Lenin desarrolló esta tesis en una doctrina política integral (que se convirtió en la base del leninismo).

También el populista P. Tkachev explicó en un folleto titulado «Carta abierta al señor F. Engels», por qué la Revolución rusa sería anticapitalista. Otra vez Berdiaev, con su buen ojo crítico, señaló años después que: «El teórico más notable de la revolución en la década de 1870 fue P. N. Tkachev... Fue el primero en oponerse a la aplicación rusa del marxismo, que considera necesario el desarrollo del capitalismo, la revolución burguesa, etc. ... Aquí ya se vislumbra el tipo de desacuerdo entre Lenin y Plejanov... Tkachev, al igual que Lenin, construyó la teoría de la revolución socialista en Rusia. La Revolución rusa estaba obligada a seguir un camino diferente al modelo occidental ... Tkachev tenía razón en criticar a Engels. Su razón no fue la razón de los populistas en su enfrentamiento con los marxistas, sino la razón histórica de los bolcheviques contra los mencheviques, de Lenin contra Plejanov».

Engels rebatió las posiciones de Tkachev con bastante empeño y advirtió que una revolución anti-burguesa en Rusia, según el marxismo, tendría un carácter totalmente reaccionario. Había que esperar a que el desarrollo de las fuerzas productivas alcanzara un nivel tan alto como el alcanzado por la burguesía para de esta manera la abolición de las diferencias de clase se convierta en verdadero progreso.

Una fórmula muy compleja, que dejaba para un futuro inalcanzable la posibilidad de la toma del poder y la construcción del socialismo por los trabajadores (y ni que decir por los campesinos): «Solo en un nivel de desarrollo de las fuerzas productivas sociales, que incluso para nuestras condiciones actuales es muy alto, se vuelve posible elevar la producción a un nivel en el que la abolición de las diferencias de clase se convierta en un verdadero progreso, en el que sea sólida y no conlleve estancamiento o incluso un declive en el modo de producción social. Pero tal nivel de desarrollo de las fuerzas productivas sólo ha sido alcanzado por la burguesía».

La conclusión fue que los rusos y por extensión el resto de sociedades campesinas... «deberán someterse a ese destino internacional inevitable de que, de ahora en adelante, su movimiento se llevará a cabo a la vista y bajo el control del resto de Europa».

Incluso en «La ideología alemana», que es un resumen conciso de la teoría marxista, Marx y Engels rechazaron la posibilidad misma de una revolución socialista llevada a cabo por pueblos oprimidos en los países «atrasados» no occidentales. Escribieron: «El comunismo sólo es posible empíricamente como una acción de los pueblos dominantes, realizada 'de inmediato', simultáneamente, lo que presupone el desarrollo universal de las fuerzas productivas y la comunicación mundial asociada con ella... El proletariado sólo puede existir, por lo tanto, en un sentido mundial-histórico, al igual que el comunismo, su acto, sólo puede ser posible como una existencia 'mundial-histórica'».

De ahí se deducía que la revolución comunista en Rusia era imposible por las siguientes razones:

1.   Los rusos no formaban parte de los «pueblos dominantes». Rusia no se había incorporado al «desarrollo universal de las fuerzas productivas» (es decir, al sistema unificado del capitalismo occidental).

2.   El proletariado ruso aún no existía «en un sentido mundial-histórico» y seguía siendo parte del cosmos campesino comunal.

3. Los pueblos dominantes aún no habían llevado a cabo la revolución proletaria «de inmediato» y simultáneamente.

4. Ninguna de las condiciones formuladas por Marx y Engels como necesarias se cumplía en Rusia.

5. Además, al desarrollar su teoría de la revolución proletaria, Marx enfatizó repetidamente el postulado de la globalización del capitalismo, según el cual el capitalismo debía realizar su potencial a escala mundial, de manera que el mundo entero se convirtiera en una sola nación. Él escribe en El Capital: «Para que el objeto de nuestra investigación se presente en su forma pura, sin interferencias incidentales, debemos considerar todo el comercio mundial como una sola nación y suponer que la arbitrariedad capitalista se ha afianzado en todas partes y ha conquistado todas las ramas de la producción».

III
LENIN

Lenin es una de las claves fundamentales para la comprensión de la Revolución rusa, fue su consecuencia y su creador, su teórico, su diseñador y su constructor. Jugó un papel de primer orden en el desarrollo y fortalecimiento del marxismo en Rusia. Al principio cumplió de forma brillante el último encargo de Marx: destruir intelectualmente a los populistas rusos y sus ideas sobre una revolución «no marxista» y de un «camino no capitalista» al socialismo. En su trabajo «De qué herencia nos estamos alejando» (1897), criticó la esencia del populismo: la consideración del capitalismo en Rusia como decadente y regresivo, la exaltación de la singularidad de Rusia y la idealización del campesinado y de su comunidad igualitaria.

En esta etapa, su trabajo fundamental fue «El desarrollo del capitalismo en Rusia», publicado en 1899. En el momento de escribir aquel libro e incluso en el primer período después de la revolución de 1905-1907, Lenin seguía la tesis de la inevitabilidad de que Rusia debía pasar por la etapa de dominio del capitalismo. De ahí se derivaba que la revolución rusa inminente, debía ser una revolución burguesa.

Sin embargo, Lenin, acabó entendiendo el sentido histórico de la revolución de 1905-1907 y modificó su postura, superando la presión del marxismo y de los marxistas que le rodeaban. A partir de aquellos años entendió que el sujeto histórico de la revolución en Rusia (y de la revolución mundial) era el campesinado.

Lenin y los bolcheviques fueron capaces de establecer la estrategia de la revolución y de la construcción del socialismo soviético para varias décadas. Pero además, consiguieron establecer la estrategia del movimiento de liberación nacional y de la revolución en la amplia geografía de la periferia del capitalismo.

Lenin consiguió el derecho de los rusos y de las sociedades campesinas en general a la autodeterminación en el pensamiento y en la revolución. Es decir, la autonomía con respecto al marxismo, con respecto a la socialdemocracia y al resto de la comunidad internacional marxista occidental (eurocéntrica). Las previsiones de Lenin se materializaron con una alta exactitud, al contrario que las previsiones de Marx.

Lenin pensaba de manera racional, estudiaba la historia y la realidad cotidiana, y a partir de ello deducía las tendencias más probables. Así, ya en agosto de 1915, llegó a la conclusión de que «la desigualdad del desarrollo económico y político es una ley absoluta del capitalismo. De aquí se deduce que el socialismo puede triunfar inicialmente en pocos o incluso en un solo país capitalista. La clase proletaria victoriosa de este país, al expropiar a los capitalistas y organizar la producción socialista en su territorio, se enfrentaría al resto del mundo capitalista, atrayendo a las clases oprimidas de otros países hacia sí misma».

Esta conclusión fue una herejía contra el marxismo. La tesis de Lenin sobre la posibilidad de la victoria del socialismo en un solo país no era una profecía vaga. Se derivaba del conocimiento del desarrollo real del capitalismo, no como una difusión uniforme a escala mundial, sino como un sistema de dominación centro-periferia, donde el centro era el dominador y la periferia la dominada.

De ello se desprende que a los trabajadores rusos no les valía la pena esperar la revolución de los «pueblos dominantes», ya que aquellos pueblos y su burguesía explotaban conjuntamente al proletariado de la periferia. Y Lenin afirmó conscientemente que Rusia podría alcanzar el socialismo sin una revolución proletaria mundial.

**

Antes de 1917, Lenin mientras estaba en la ciudad de Zurich escribió «El imperialismo, etapa superior del capitalismo». Llegó a una conclusión estratégica para todas las fuerzas políticas de Rusia que se estaban involucrando en el enfrentamiento revolucionario en aquel momento. Deducía directamente que, desde principios del siglo XX, dentro del sistema capitalista «centro-periferia», se había perdido la posibilidad de industrialización y modernización para los países que no se habían integrado en la metrópoli. El destino de dichos países era el subdesarrollo. La única posibilidad de garantizar las condiciones para su desarrollo económico y social en aquellos momentos solo podía provenir de una gran revolución anticapitalista (antiimperialista).

La extracción de recursos de la periferia convierte a la clase trabajadora de los países industrialmente desarrollados de Occidente en una clase no revolucionaria (estrictamente hablando, no proletariado). Por lo tanto, la teoría marxista de que sólo la revolución proletaria mundial puede liberar a los pueblos de la explotación capitalista es errónea.

Lenin cita una carta de Engels a Marx (7 de octubre de 1858): «El proletariado inglés se está aburguesando cada vez más, al punto de que esta nación, la más burguesa de todas, aparentemente quiere llevar el asunto hasta el punto de tener una aristocracia burguesa y un proletariado burgués al lado de la burguesía. Por supuesto, desde el punto de vista de una nación que explota al mundo entero, esto es en cierta medida legítimo».

Y el 12 de septiembre de 1882, Engels escribe a Kautsky que «los trabajadores aprovechan pacíficamente, junto con ellos [la burguesía], el monopolio colonial de Inglaterra y su monopolio en el mercado mundial». De ello se desprende directamente que no se podía contar con una revolución proletaria en la metrópoli del capitalismo, y que una revolución en los países del capitalismo periférico, incluida Rusia, adquiriría inevitablemente un carácter tanto anticapitalista como de liberación nacional. Los trabajadores ingleses y franceses, junto con sus burguesías, explotaban sus colonias y explotaban también a los obreros y campesinos rusos. Escapar de semejante situación sin una revolución de nuevo tipo resultó imposible.

IV
LA NATURALEZA DE LA REVOLUCIÓN

A principios del siglo XX, durante la crisis de la física clásica y el cambio en la imagen científica del mundo, en la ciencia comenzaron a distinguirse dos visiones de la naturaleza: la ciencia del ser, que ve el mundo como procesos estables, y la ciencia del devenir, donde predominan la inestabilidad, las transiciones entre el orden y el caos. El marxismo de Marx se basaba en los principios de la «ciencia del ser» (el proceso histórico como etapas de equilibrio), mientras que el leninismo de Lenin se basaba en la «ciencia del devenir».

Max Weber, uno de los sociólogos más autorizados, al estudiar y comparar los procesos de desarrollo en las sociedades modernas y en las sociedades tradicionales, introdujo un concepto importante en la sociología: las sociedades en proceso de formación. Weber también planteó una tesis poderosa: la idea y el diseño de una innovación que genera una nueva estructura requiere la interacción entre el esfuerzo racional y el impulso no racional. En otras palabras, recordó que no se puede describir a la población y a la sociedad (comunidades humanas) únicamente a través de indicadores sociales y económicos, ya que lo social y lo psíquico están indisolublemente vinculados.

Este efecto de la interacción de elementos ya era conocido en la antigüedad: el todo es más que la suma de las partes. Y también Marx lo expresó antes de otra forma: «La idea se convierte en una fuerza material cuando se apodera de las masas». Lo que significa que la idea no sólo influye en la razón, también lo hace en todo el ámbito espiritual de las personas: sentimientos, imaginación, memoria, subconsciente, entre otros. Esto es precisamente la interacción del pensamiento racional con la psique. Cuando una idea se apodera de las masas, significa que dicha idea ha afectado profundamente sus mentes, conciencias y aspiraciones.

El determinismo mecanicista que prevaleció en el marxismo del siglo XIX fue una parte importante de la conciencia de la intelligentsia rusa a principios del siglo XX. De este determinismo se derivaba una sensación de estabilidad y equilibrio de los sistemas sociales. Se consideraba que para sacarlos del equilibrio se necesitan grandes fuerzas (intereses de clase, condiciones objetivas, agudización de contradicciones, etc.). Pero para comprender los períodos de cambio social agudos, como las revoluciones, el pensamiento mecanicista no se mostró adecuado.

Durante estos períodos, se generan muchos procesos encadenados, desequilibrios, inestabilidades, puntos de bifurcación. En esos momentos, no son las leyes objetivas las que deciden, sino las acciones de menos envergadura pero oportunas. Los grandes revolucionarios eran aquellos que identificaban correctamente los puntos de bifurcación y dirigían los acontecimientos por el camino correcto en el momento adecuado. El «ayer era demasiado pronto, mañana será demasiado tarde» de Lenin.

Las «Tesis de abril» de Lenin son quizá el mejor ejemplo de acción de menor envergadura pero absolutamente oportuna. En el momento crítico de inestabilidad en el punto de bifurcación, empujan los acontecimientos en una dirección determinada que luego tienen alcance mundial y cambia la historia de la Humanidad.

En vez de apostar por la Asamblea Constituyente y la república parlamentaria, Lenin, poniéndose al mundo por montera, optó por la república de los Consejos, por la construcción del socialismo en un país campesino y por la revolución mundial de «los otros».

Desde finales del siglo XIX Rusia se vio envuelta en un conflicto. Tenía que alcanzar al capitalismo y al mismo tiempo huir de él. Podemos decir que era una trampa histórica. Un círculo vicioso. Un nudo gordiano que no quedaba más remedio que cortar. Y del corte surgió la Revolución rusa, sin duda el principal acontecimiento del siglo XX. Fue el disparo de salida de todas las revoluciones campesinas que pusieron patas arriba las relaciones de poder en el mundo.

La revolución rusa es el fin de la Modernidad. Tras la línea que supone la revolución rusa, tras las «Tesis de abril», todo ocurrió de otra manera a como «estaba escrito» en el proyecto de la Ilustración. De pronto, «los otros», los campesinos, las civilizaciones campesinas preindustriales, y los grupos étnicos que las conforman («las razas inferiores»), salieron al escenario de la historia mundial, al escenario de la política y las luchas de liberación, para rechazar el dominio de las sociedades y las naciones burguesas, evitar el capitalismo y en un breve periodo de tiempo histórico, cuestionar la hegemonía mundial a las potencias capitalistas. De esto todavía hablaremos un poco más adelante.

La historia de Rusia y la URSS nos enseña que de las situaciones de crisis no se sale volviendo hacia atrás. Es un camino imposible. Lenin, un hombre del futuro, fusionó el comunismo campesino (comunitario) ruso con el marxismo y con las ideas y proyectos de la Ilustración. Esta fusión supuso un salto inesperado a una nueva fase histórica. Para Rusia supuso evitar encerrarse en un sistema agrario comunal idealizado (milenarista) y pasar a ser una sociedad industrial, con una poderosa industria y una ciencia de vanguardia. Fue un proyecto novedoso que llevó a una parte de la humanidad a una nueva fase histórica.

V
METAFÍSICA DEL ESTALINISMO

Cuando regresé de vacaciones por primera vez a España, lo primero que hice, tras ver a mi familia, fue ir a la facultad a visitar a Juan, a Encarna y a Alejandro. Tenía tantas cosas que contar y ellos tantas que preguntar que nos vimos varias veces durante aquellas semanas. Yo traje escrito un primer artículo que era una crónica de lo que había ido viviendo durante casi dos años. Se lo pasé a Alejandro para que lo leyera y al cabo de unos días volvimos a vernos. Me hizo comentarios y críticas muy convenientes y a continuación me dijo que quizá debería ponerme en contacto con otras personas del mundo académico español.

Y a secas y sin llover me pasó los teléfonos de varios profesores universitarios en Madrid, Zaragoza y Barcelona, entre ellos Josep Fontana y Francisco Fernández Buey. Ya no tenía tiempo para ir a verles en aquellas vacaciones y además no tenía un material escrito sólido para mostrarles.

Así que lo dejé para las siguientes vacaciones. Es decir, para el siguiente año.

Y así fue. Cuando ya faltaba poco para regresar a España, llamé por teléfono a Fontana y a Fernández Buey y quedamos en vernos en la Pompeu y Fabra donde trabajaban. Hablé con ellos por separado, claro. Primero con Fontana. Me recibió con gran curiosidad y comenzó a hacerme preguntas sobre la perestroika, la caída de la URSS, las reformas liberales, sobre el hundimiento de Rusia, etc. Pero mis respuestas no debieron de ser las que esperaba, porque en un momento determinado, dejó de preguntarme y pasó a explicarme él lo que en realidad estaba ocurriendo en Rusia y por qué había caído la URSS. No hace falta que detalle aquí sus palabras, están resumidas al principio de este artículo, en las tesis de la escuela de Sacristán.

Al día siguiente fui de nuevo a la universidad a ver a Fernández Buey. No le conocía y a la vista del encuentro con Fontana, esperaba algo similar. Pero me equivoqué por completo. Fue un verdadero despliegue de curiosidad por parte de Paco. Preguntas y preguntas, rebatía mis respuestas, volvía a preguntar. Fue un verdadero debate que se prolongó durante horas. Al final, hablando de filosofía y de lógica llegamos a la figura de Alexander Zinoviev. Me preguntó si le conocía personalmente y cuando le dije que sí, me preguntó si podría hacerle una entrevista para publicar en la revista Mientras Tanto. Le contesté que por supuesto que sí (mientras pensaba que no iba yo a dejar pasar la oportunidad de publicar en la mítica Mientras Tanto).

Aquella reunión fue el comienzo de una relación que no terminó en convertirse en amistad por la distancia. Nos vimos dos o tres veces más en Barcelona y hablamos con más frecuencia por teléfono. El caso es que de vuelta a Moscú, me puse en marcha para la entrevista a Zinoviev. Quedé con él en el Instituto de Filosofía de la Academia de Ciencias, donde le expliqué la idea de la entrevista para una prestigiosa revista en Barcelona. Me dijo que sí, pero con condiciones. La haríamos en su casa, para poder hablar más tranquilos. Él la repasaría una vez transcrita y soló podría publicar el texto expresamente autorizado por él. La última condición fue que también había que publicar la entrevista en Rusia.

Fui a su apartamento en el barrio Chertánovo de Moscú durante varios días. Siempre con una botella de vino tinto español para amenizar la conversación. Más que una entrevista resultó una larga conversación grabada en cinta magnetofónica que luego me costó mil sufrimientos transcribir al ruso. Pero mereció la pena. Una vez terminada la transcripción se la llevé impresa para que la revisara. Al cabo de unos días me llamó por teléfono y volvimos a quedar, en aquella ocasión en el Instituto de Filosofía.

Lo primero que hizo fue felicitarme por el trabajo realizado, lo cual fue un orgullo para mí viniendo de un gran maestro como él. Me explicó que había añadido algunas palabras a mano para dejar mejor expresados algunos pensamientos y me devolvió el texto firmado por él en cada hoja. Tenía vía libre para su publicación.

En cuanto tuve la traducción al español terminada llamé desde Moscú a Fernández Buey para contarle que ya tenía la entrevista y que estaba en condiciones de enviársela. A él le alegró la noticia y me dijo que la publicarían en el próximo número de Mientras Tanto.

Pero algo se torció en el camino hasta la imprenta y la entrevista nunca llegó a publicarse en Mientras Tanto. En una larga conversación telefónica, ya que yo continuaba en Moscú, Paco me explicó que tras debatirse la publicación en el consejo de redacción de la revista se había llegado a la conclusión que no era un trabajo para publicar en Mientras Tanto. Pero Paco, muy amable en todo momento, ya traía la solución al problema. «No te preocupes Antonio, he hablado con Miguel Riera y la vamos a publicar en El Viejo Topo». Y así fue. Hay que decir que fue de aquella manera, gracias a Paco, como inicié mi colaboración con Miguel, con la revista y las editoriales de El Viejo Topo.

¿Por qué he contado con tanto detalle este episodio? Pues porque Zinoviev en aquella entrevista hizo unas declaraciones sobre la Unión Soviética y sobre Stalin que no había hecho antes y que no encajaban ni en la línea editorial de Mientras Tanto, ni en los planteamientos de la herencia intelectual de Sacristán. Zinoviev hizo una valoración positiva de Stalin que hizo saltar los fusibles en el consejo de redacción de la revista. Yo no entendí al principio el motivo, y Paco tampoco entró nunca en aquellos detalles. Fue muy prudente.

***

En Espartal, un pueblo mágico del sureste de nuestra península, tiene casa y habita en ella un hombre menudo, tan menudo que nunca llegó a ser José, ni Pepe, ni Pepito y se quedó en Pepín. En Espartal le conocen por Pepín el de la Cartas, porque se dedica, entre otras cosas, a echar las cartas, adivinar el futuro a los vivos y a hablar con los muertos en el más allá. En su casa, el tiempo y el espacio son elásticos y a través de ella regresan al mundo de los vivos algunos que se fueron al más allá.

Stalin anda de nuevo por el mundo y es muy probable que haya regresado a través de aquella casa de física elástica en

Espartal. Está aquí, porque personajes de su envergadura siempre vuelven en los momentos decisivos. Hay otros personajes históricos, pero al final no son más que las sombras de antepasados lejanos. Meros retratos en la galería familiar. Sin embargo Stalin es un personaje «activo», como Lenin, en el mundo que nos es contemporáneo.

Para unos los puntos de referencia de la figura de Stalin, son las represiones, el totalitarismo y la violencia. Es un punto de vista respetable. Es el punto de vista de nuestra «república de propietarios», de nuestra civilización Occidental.

Sin embargo, en el imaginario popular los puntos de referencia son otros. Han sido necesarios grandes esfuerzos, «hasta llegar a las lágrimas», como recordaba Sacristán, para quebrar en una parte del imaginario popular la idea de Stalin. Sin embargo hay otra imagen, otra percepción de Stalin que nunca pudieron quebrar. La del pueblo, la de los socialismos imperfectos, la de la civilización de los «otros», la civilización de la periferia.

Por ejemplo, en Rusia, quizá el único sitio del mundo donde cada año se realizan encuestas a la población sobre la relevancia y el significado de las figuras históricas, Stalin sigue siendo, muy por delante de todos, el referente histórico de la mayoría de la población. Ahora, en el punto de bifurcación actual, con la OTAN paseando y disparando sus tanques por las tierras de Ucrania, la figura de Stalin emerge con mucha más fuerza.

***

La revolución rusa fue un gran huracán de energía social y espiritual de decenas de millones de personas que alcanzó su punto álgido en los años 30 y 40 del siglo XX. Lenin entendió y doblegó en parte una de las fuentes de aquella energía, la social (como los físicos han podido doblegar en parte la energía del átomo). Lenin, con su muerte temprana, dejó un peligroso legado, poco o nada conocido: el inexplicable hecho de que la fuente de la fuerza que animaba el potencial de la organización social era la creciente pasión espiritual de los trabajadores, campesinos y de todo el pueblo. Un enorme reactor espiritual que en el inicio del siglo XX atrapó a toda una nación del tamaño de un continente. Stalin y un amplio grupo de bolcheviques estuvieron a la altura del reto.

¿Qué pensador ruso dominó como ningún otro la dialéctica de la organización social y la pasión espiritual del ser humano? Indudablemente, fue Dostoyevski. En su análisis del hombre y la sociedad llegó hasta las últimas preguntas y en sus conclusiones fue sorprendentemente cruel en comparación con Tolstoi: no hay resistencia al mal. El mal es una parte del alma del ser humano, junto con la cual convive y lucha el bien.

¿Qué significa la libertad del ser humano, de un ser que alberga el bien y el mal en su seno? ¿Cómo es posible que un ser así viva en libertad sin las ataduras de la organización social? Dostoyevski introdujo en el modelo de ser humano lo que se deriva de esa dialéctica entre el bien y el mal: el caos, las fracturas, las transiciones, la violencia y las catástrofes en el hombre y en la sociedad.

El escritor nos dio las claves para entender el torbellino de pasiones sobre el que giró la sociedad rusa y los rasgos principales del significado de la obra de Stalin. Dostoyevski formuló el problema de combinar la naturaleza irracional del hombre, con su necesidad de libertad, con la organización racional de la sociedad.

Con Alejandro hemos hablado en muchas ocasiones sobre este tema. Sobre el capítulo de «El Gran Inquisidor», de la novela «Los hermanos Karamazov». Vuelvo a dicho capítulo en esta ocasión tan especial.

«El lugar de la acción es Sevilla; la época, la de la Inquisición ... No se trata de la venida prometida para la consumación de los siglos ... No, hoy sólo ha querido hacerles a sus hijos una visita, y ha escogido el lugar y la hora en que llamean las hogueras. Ha vuelto a tomar la forma humana que revistió hace quince siglos... Cristo avanza hacia la multitud, callado, modesto, sin tratar de llamar la atención, pero todos le reconocen. El pueblo, impelido por un irresistible impulso, se agolpa a su paso y le sigue. ... Aparece en la plaza el cardenal gran inquisidor. Es un viejo de 90 años, alto, erguido, de una ascética delgadez...
—¡Prendedle!— les ordena a sus esbirros,

señalando a Cristo. ... Los esbirros prenden a Cristo y se lo llevan ... conducen al preso a la cárcel del Santo Oficio y le encierran ... De pronto, en las tinieblas se abre la férrea puerta del calabozo y penetra el gran inquisidor en persona, solo ... —No hables, calla. ... ¿Por qué has venido a molestarnos? ... Bien sabes que tu venida es inoportuna. ... Si no en el texto, el sentido de la primera pregunta es el siguiente: «¿Quieres presentarte al mundo con las manos vacías, anunciándoles a los hombres una libertad que su tontería y su maldad naturales no le permiten comprender, una libertad espantosa, ... cuando si convirtieses en panes todas esas piedras peladas esparcidas ante tu vista, verías a la Humanidad correr en pos de ti? ... Pero tu no quisiste privar al hombre de su libertad ... y contestaste que no solo de pan vive el hombre, sin saber que el espíritu de la tierra, reclamando el pan de la tierra, había de alzarse contra ti, combatirte y vencerte ... Pasarán siglos y la Humanidad proclamará, por boca de sus sabios, que no hay crímenes y, por consiguiente, no hay pecado; que sólo hay hambrientos.

Dales pan si quieres que sean virtuosos. ... Mientras gocen de libertad les faltará el pan; pero acabarán por poner su libertad a nuestros pies, clamando «¡Cadenas y pan!» Comprenderán que la libertad no es compatible con una justa repartición del pan terrestre entre todos los hombres, dado que nunca, —¡nunca!— sabrán repartírselo. Se convencerán también de que son indignos de la libertad. ... tú les prometiste el pan del cielo. ¿Crees que puede ofrecerse ese pan, en vez del de la tierra? ... Con tu pan del cielo podrás atraer y seducir a miles de almas, a docenas de miles, pero ¿y los millones y las decenas de millones no bastante fuertes para preferir el pan del cielo al pan de la tierra? ¿Acaso eres tan sólo el Dios de los grandes? Los demás, esos granos de arena del mar; los demás, que son débiles, pero que te aman, ¿no son a tus ojos sino viles instrumentos en manos de los grandes? ... Como ves, la primera de las tres preguntas encerraba el secreto del mundo. ¡Y tú la desdeñaste! Ponías la libertad por encima de todo, cuando, si hubieras consentido en tornar panes las piedras del desierto, hubieras satisfecho el eterno y unánime deseo de la Humanidad; le hubieras dado un amo. El más vivo afán del hombre libre es encontrar un ser ante quien inclinarse. Pero quiere inclinarse ante una fuerza incontestable, que pueda reunir a todos los hombres en una comunión de respeto; quiere que el objeto de su culto lo sea de un culto universal; quiere una religión común. Y esa necesidad de la comunidad en la adoración es, desde el principio de los siglos, el mayor tormento individual y colectivo del género humano. Por realizar esa quimera, los hombres se exterminan. ... Conoces lo que voy a decirte, lo leo en tus ojos... Quizás quieras oír precisamente de mi boca nuestro secreto. Oye, pues: no estamos contigo, estamos con Él [el demonio] ... recibimos de Él el don que tú, cuando te tentó por tercera vez ... rechazaste indignado; nosotros aceptamos y, dueños de Roma y la espada de César, nos declaramos los amos del mundo. ... Conseguiremos nuestro objeto, seremos el César y, entonces, nos preocuparemos de la fidelidad universal. Tú también pudiste haber tomado la espada de César; ¿por qué rechazaste tal don? Aceptándola hubieras satisfecho todos los anhelos de los hombres sobre la tierra. ... No te temo. Yo también he estado en el desierto; yo también me he alimentado de langostas y raíces; yo también he bendecido la libertad que les diste a los hombres y he soñado con ser del número de los fuertes. Pero he renunciado a ese sueño, he renunciado a tu locura para sumarme al grupo de los que corrigen tu obra. He dejado a los orgullosos para acudir en socorro de los humildes. ... El inquisidor calla. Espera unos instantes la respuesta del preso. ... y he aquí que el preso se le acerca en silencio y da un beso en sus labios exangües de nonagenario. ¡A eso se reduce su respuesta! El anciano se estremece, sus labios tiemblan; se dirige a la puerta, la abre y dice: «¡Vete y no vuelvas nunca!... ¡nunca! Y le deja salir a las tinieblas de la ciudad. El preso se aleja».

Tremendo, ¿verdad? Toda la historia de la Humanidad está condensada en el dilema que plantea Dostoyevski. ¿Da respuesta el escritor al dilema? No, él sólo advierte que este dilema se presenta con toda su crudeza ante Rusia y ante toda la Humanidad.

La tentación de dar respuesta al dilema, de tomarle la palabra a Dostoyevski es muy fuerte, pero no lo vamos a hacer. Simplemente anotar que Dios pudo fulminar al Inquisidor y no lo hizo.

Millones de personas en el mundo y en la propia Rusia nunca leyeron a Dostoyevski, pero sí sabían, de forma sencilla, llana e incluso simple, que nunca habría pan celestial, ni en Rusia, ni en China, ni en el Congo, ni en la India, ni en Nigeria. Se impone entonces otra verdad, inseparable, hay que luchar para conseguir el pan terrenal y que los niños no mueran de hambre.

Ese es el motivo por el que el huracán de la revolución pasó por Rusia y por China y por Vietnam y por tantos lugares del mundo. Las personas buscaban, equivocándose y derramando sangre, la forma de combinar la verdad del Inquisidor y la verdad de Cristo. Y Stalin mereció el increíble reconocimiento de esas decenas de millones de personas porque con su «socialismo imperfecto», que «forzaba la teoría y el canon de los clásicos», encontró la fórmula de esa combinación. Este es un hecho innegable, por mucho que duela a algunos.

Stalin no es un dios, no fue enviado desde arriba para solucionar los asuntos terrenales. Es el resultado, la expresión del pensamiento racional y los sentimientos de esos millones de personas que crearon una nueva realidad social, impulsados por un sentimiento religioso de «gran angustia y amor por la Humanidad».

Hay mucho que todavía no se entiende, pero está claro que Stalin, al igual que Lenin, pensaba en una lógica sustancialmente diferente. Entendió que la energía desatada por millones de personas no podía canalizarse en empresas menores, ni en la compra-venta de carne o patatas en la tienda de la esquina, ni en la posesión de un taller artesanal de zapatería. Entendió que se necesitaba una empresa mayúscula conjunta, de todo el pueblo: industrialización, colectivización, educación, desarrollo científico y una gran victoria en la guerra que terminó el cambio del mundo iniciado por la Revolución.

En definitiva, una empresa, un asunto común, que sacudiera y alterara el flujo de las placas tectónicas. Más aún, una empresa de alcance cósmico, como predijeron Nikolai Fiodorov y los cosmistas rusos. Sólo de esta manera se podían unir la libertad y la justicia. Sin esto, la explosión de energía habría destrozado el país. Stalin parecía haber absorbido y reorganizado en un programa una multitud de profecías y revelaciones apocalípticas de dos mil años de historia de la Humanidad.

Aquellos que se resistieron a aquel huracán, fueron aniquilados. Los que no entendieron lo que estaba ocurriendo, o fueron apartados o perecieron. Se pueden ajustar cifras, se pueden explicar los conflictos y enfrentamientos entre los distintos grupos. Pero al final, no hay manera sensata de explicar lo ocurrido en los años treinta en la Unión Soviética. ¿Cómo medir el límite necesario de severidad cuando no se conoce la fuerza de esa irracionalidad colectiva? Además, aquella irracionalidad se expresó de las formas más diversas, estalló en los lugares más inesperados.

Aquí dejo, por ahora, este asunto tan deli-
cado que tantos desencuentros ha provocado.

EPÍLOGO

El camino iniciado por la Revolución rusa y por Lenin primero, continuado después por Stalin y la Unión Soviética, abrió otro vector de civilización (por cierto, también señalado por A. Zinoviev en aquella entrevista que no encajó en Mientras Tanto). Los pueblos campesinos y reaccionarios se convirtieron, a través de un gran sacrificio y esfuerzo, en pueblos industrializados con un alto desarrollo científico, tecnológico y militar capaces de plantar cara al capitalismo mundial de las metrópolis.

Son los pueblos de los «socialismos imperfectos». El capitalismo occidental tuvo que emplearse con mucho esfuerzo en guerras, bloqueos, asesinatos y golpes de Estado, para intentar impedir el avance de las revoluciones socialistas en la periferia. Entendieron desde el primer momento, que el peligro ya no estaba en las revoluciones proletarias de sus trabajadores, las cuales ya nunca tendrán lugar, sino en la independencia de la periferia y en la ruptura del flujo económico de la explotación.

Lo que empezó con la toma, metafórica, del Palacio de Invierno en San Peterburgo por los bolcheviques, ha llegado, en estos momentos, a la disputa de la hegemonía mundial al capitalismo occidental. Apunto esta reflexión por si a alguien le parece una pérdida de tiempo lo que ha leído hasta llegar a estas palabras.

Dicho de otra manera más pragmática:

▶ Que el leninismo y más tarde el estalinismo, consecuentes con la teoría del centro-periferia, dedicaron sus mayores apoyos a la revolución de los campesinos chinos, que llevó a la derrota de los invasores japoneses primero y a la derrota de las potencias imperialistas occidentales que venían saqueando a China desde inicios del siglo XIX.

▶ Que quién personificó la derrota del capitalismo en China y después en Corea y después en Vietnam fueron los EEUU. Que aquellas derrotas fueron la antesala del cuestionamiento de su hegemonía hoy día. Y que son los EEUU quienes, resistiéndose a ese cuestionamiento generan y desarrollan una peligrosa crisis en aquella región, en Rusia y en Europa.

▶ Que hoy día, en el año 2023, los tanques alemanes y de todo Occidente vuelven a recorrer los campos de Ucrania (la tercera vez en 100 años) y que son destruidos por la ciencia, la tecnología y la industria soviética, construida a partir del proyecto de modernización socialista del leninismo y del estalinismo.

▶ Que son las fábricas soviéticas construidas en los años 30 del siglo XX, durante el periodo estaliniano, las que fabrican los tanques T-90 y Armata.

▶ Que es la ciencia cósmica soviética la que ha permitido la fabricación de misiles hipersónicos como el Kinzhal. Que es la tecnología soviética la que destruye el armamento de Occidente en los campos de batalla de Ucrania.

▶ Que es la paridad nuclear alcanzada por la Unión Soviética a partir de 1949, la que ha evitado, sin discusión, que los EEUU emplearan su armamento nuclear para someter por la fuerza a la URSS y volver al redil del colonialismo a la China o Vietnam.

Como en tiempos de la Revolución rusa estamos ante dos proyectos, dos vectores o dos modelos de civilización (por cierto, ¿cada uno con su proyecto antagónico de socialismo? Dejo esta anotación para posterior elaboración).

Ahora, en estos momentos, Rusia, China, la India, parte de África y del resto del mundo vive en una nueva fase de la revolución de «los otros». El desmantelamiento de la URSS supuso el inicio de un nuevo episodio que, lo mismo que el momento de su creación, afectó de nuevo al mundo entero. Si queremos sobrevivir a esta crisis general y a las guerras que ha dado y dará lugar, hay que conocer y comprender la Revolución rusa. En estos momentos, las resistencias del capitalismo a los cambios que suponen la pérdida de su hegemonía, nos lleva directamente a una salida a través de la catástrofe.

En los terribles años 90 Fukuyama anunció el fin de la Historia y de la lucha de clases. Y Occidente se frotó las manos esperando el colapso final de Rusia. ¡Por fin sería el dueño absoluto del mundo! Sin embargo, no contaron con la capacidad de resistencia y de recuperación de Rusia, y ha resultado al contrario de como esperaban. Para disgusto de Fukuyama, y no sólo, la lucha de clases, que se expresa siempre de forma caprichosa, ha vuelto (nunca se fue) a lomos de misiles hipersónicos.

***

Antes de despedirme de Alejandro, quiero expresar mi afecto, cariño y admiración a otras personas que han formado parte del microcosmos de nuestra disputa. A José (Pepe) Marín, amigo del alma y compañero del Club Atalaya desde los dieciséis años y que se empeñó en enviarme a estudiar a la Universidad; a Encarna Nicolás, por sus enseñanzas y paciencia; a Juan Andreu, que se fue demasiado pronto; al gigante Juan Moreno, del que tanto aprendí y que me empujó hasta las fronteras de Rusia; a Francisco Fernández *Buey* que se empeñó en publicar aquella entrevista a Zinoviev; a Francisco Jarauta, al que conocí una tarde en el café Zalacaín, recién llegado yo de mi primer viaje a la URSS; a Andrés Pedreño, que se empeñó en hacerme partícipe de este homenaje; a mi admirado y venerado Serguei Kará-Murzá, con quien he trabajado durante 32 años y con quien hemos elaborado muchas de las ideas aquí expuestas. Él me enseñó a mirar y entender el mundo de otra manera.

Querido Alejandro, sólo me queda darte las gracias por tus enseñanzas, por tus réplicas, por tu apoyo, en definitiva por nuestra disputa, que me empujó hasta el otro lado de la galaxia. Un abrazo.

Cieza-Moscú, verano de 2023

Esta primera edición de *Los socialismos imperfectos
y el sistema soviético* de Antonio Fernández Ortiz,
se acabó de imprimir en febrero de 2025

alfaqueque
(Del ár. hisp. alfakkák, y este del ár. clás. fakkák).

1. m. Hombre que, en virtud de nombramiento
   de autoridad competente, desempeñaba el
   oficio de redimir cautivos o libertar esclavos y
   prisioneros de guerra.
2. m. Aldeano o burgués que servía de correo.